살며 생각하며

지 순 제2시집

세종문화사

시인의 말

이름 모를 한 떨기 꽃
외진 길모퉁이에 핀 풀꽃도
애정 어린 눈으로 바라보면
알 수 없는 아련함이 밀려오고
맑은 감성으로 한 줄의 시를 쓰게 된다.
그것이 영원히 기억될 명작이 아니라도
나의 힘이 되신 사랑하는 주님이 주신 선물이며
삶의 힘이다.
은혜에 감사드린다.

2024년 겨울에

차례

시인의 말 ···· 3

제1부 황혼의 겨울

황혼의 겨울 ···· 11
그 찻집의 기억 ···· 12
단상(斷想) ···· 13
살며 생각하며 ···· 14
심플 라이프 ···· 16
운명 ···· 18
공동 운명체 ···· 20
섬마을 노부부 ···· 22
마지막 계절 ···· 24
기다림의 연속 ···· 26
작은 행복 ···· 27
삶의 시간 ···· 28
옛날은 가고 ···· 29
쉼표를 찾아서 ···· 30
공존하는 삶 ···· 31
시련의 계절 ···· 32
느린 삶의 미학 ···· 34

제2부 시간이 멈춘 곳

시간이 멈춘 곳 ···· 37
봄 여름 가을 겨울 ···· 38
빈 노트 ···· 39
성묘 가는 길 ···· 40
삶이 고달픈 나무 ···· 41
헌책방을 추억하며 ···· 42
삶의 길목에서 ···· 44
햇살 아래서 ···· 45
마실 길 ···· 46
어느 날 문득 ···· 47
겨울밤 옛이야기 ···· 48
맑은 소망 ···· 50
웃음의 여운 ···· 52
아침 까치 ···· 53
이별 ···· 54
하늘의 별 ···· 55
고향집 풍경 ···· 56
둥근 달 ···· 58

제3부 바다바라기

바다바라기 ···· 61
빨간 공중전화 ···· 62
푸른 갈매기 ···· 64
해변 연가 ···· 66
맹꽁이 소리 ···· 67
겨울밤 ···· 68
외딴집 ···· 69
인어 소녀 ···· 70
등나무꽃 ···· 72
저무는 해변 ···· 73
고목 ···· 74
푸른 솔 ···· 76
빗소리 ···· 77
평행선 ···· 78
안개꽃 ···· 79
해당화 ···· 80

제4부 새봄의 소리

새봄의 소리 ···· 83
봄비 소리 ···· 84
봄이 부른다 ···· 85
갯버들 ···· 86
할미꽃 ···· 87
작은 꽃들 ···· 88
매미의 지혜 ···· 89
찔레꽃 ···· 90
초록 들판 ···· 91
여름 하늘 ···· 92
가을 문턱에서 ···· 94
슬픈 낙엽 ···· 95
가을 사랑 ···· 96
핑크뮬리 ···· 98
가을 울타리 ···· 99
가을 추억 ···· 100
만추(晩秋) ···· 101
눈 내리는 날 ···· 102
서리꽃 ···· 103

〈해설〉
하늘과 땅, 인간과 신의 존재를
모아들이는 미학의 시 쓰기···· 105

제1부
황혼의 겨울

황혼의 겨울

짙은 황혼의 겨울은
더욱 모질고 쓸쓸하다

지팡이 의지해 걷는 뒷모습
가다 쉬고 가다 쉰다
지난 세월이 참 무정하다

청춘은 폭포 같은 것
짧다 못해 이미 석양이다

세상 자랑 부귀영화
모두 부질없는 것
다 사라지는 것들이다

그래도 마지막 영원을 향한
소망이 있기에
감사의 삶을 살아간다

그 찻집의 기억

가끔 생각이 많아질 때면
버스 정류장 한두 곳을 걸어
아담한 찻집을 찾는다

그 찻집
문을 밀치고 들어설 때
들리는 작은 도어 벨 소리

쨍그랑 소리의 여운이
젊은 날의 내 기억을 소환한다

눈이 하얗게 흩날리던 겨울
먼 이국의 흑백 영화의 한 장면
그 찻집 도어 벨 소리를 떠올려 본다

한 잔의 커피와 멋과 낭만이 있던
쨍그랑 작은 도어 벨 소리

나는 지금
혼자만의 추억이 있는
젊음의 그 시절로 시공간을 넘고 있다

단상(斷想)

저물어 가는 옛길
아픈 생채기를 품은
오랜 나이테가 엿보이는 나무

진부한 삶
상심의 물음표만 남긴
가닿을 수 없는
에둘러 선 순수는 세상의 바보

시대의 흐름을 역행하기엔
역부족이었지
순응하는 길만이 진리였음을

물풀 사이로 보이는
작은 생물들의 자맥질
숨 쉬는 모든 것들은 각자의 시간에서
자신의 방식대로 살아가는 것이다

거부할 수 없는 순환의 계절
힘겨운 이 가을
책 속에 갇혀 시간 여행 떠난다

살며 생각하며

일생을 살아가며
마주하는 순간들

이런저런 일로 만나게 되는 사람
화사한 봄볕으로 편안한 사람이 있고
상처받게 하는 사람도 있다

넓은 공간에서 다른 이들과 함께하는
일상의 모습에서 내 모습은
어디쯤 있을까 가늠해 본다

타인에게 비친 나의 내면은
어떤 모습으로 반영되었을까

길지 않은 인생
잠시 후면 사라질
그냥 훅 지나가는 바람 같은 존재들

무가치한 일로
삶이 불편하다면 흘려버려야 한다
그들도 스치는 인연이었음을 기억하자

너희 안에 이 마음을 품으라
곧 그리스도 예수의 마음이니*

주님의 마음으로 살아가는 삶
용서하고 사랑하는 것
그분이 기뻐하시리라 믿는다

*신약성경: 빌립보서 2:5

심플 라이프

우리가 사는
주위를 살펴보자

지나친 소유
언젠가 거기에 파묻혀
헤어 나오지 못할 것이 분명하다

필요 이상의 많은 물품들
버릴 건 버리고
기증할 건 기증하고
생활을 간소화하며 살자

꼭 필요한 몇 가지 외에는
못 가진 자들을 위해 쓰자
긍휼히 여기는 마음을 갖자

마음의 생각도 맑고 투명하게
복잡하고 불필요한 잡초들은
다 뽑아 버리자

사회적 관계도 아니라고 판단되면
과감히 끊어 내어
새로운 문을 열어야 한다

간편하고 단순하게
주위를 살펴보며
밝고 건강한 삶을 살아가자

운명

자연은 신비하다
같은 공간에서
서로 다른 형상으로 존재한다

빛이 비춰 주는 방향에 따라
나뭇잎들 색감이 다르고
생존의 형태가 결정된다

석양이 잠시 머물다 지나가고
비구름 스쳐 지나가는
동트는 아침 햇살 넓이로
고운 색감을 발산한다

사람이 사는 것도
만나는 인연 따라
되어 가는 삶이 다르다

따뜻한 온기에서
뜨거운 열기에서
북풍한설 냉기에서

순응하며 살 것인가
거역할 것인가
의지를 발휘할 것인가

각자의 몫에 따라 다른 삶
삶은 각자 주어진 길을 간다

공동 운명체

제멋에 산다지만
그럴수록 혼미해지는 세상
사람들은 저마다의 눈으로
세상을 읽어 독선의 길을 걷는다

조금만 눈 크게 뜨고
잠시라도 방향을 바꿔 보면
새로움이 보이는데
돌아볼 줄 모른다

귀를 크게 세우자
어디선가 들리는 울부짖음
애타게 부르는 구원의 소리 따라
걸음을 옮겨 보자

사랑받을 가족
먹을 음식과 물 한 그릇 없이
빗방울 떨어지는 움막에서
지구를 잃고 땅을 찾는 사람들

가난은 나라도 어쩌지 못한다지만
같은 운명으로 함께 숨 쉬며
한 울타리에 사는 공동체
외면한다고 보이지 않을까

손을 내밀자
숨결의 박자를 맞추자
함께하는 방법이 영원히 사는 법
사람의 운명은 오직 하나

믿음으로 살며
구원의 손길을 모른다면
그것이 가난
부자로 사는 길은
서로 돕는 손에서 보인다

섬마을 노부부

남쪽 바다 한적한 섬마을
노부부 살고 있다

스무 살에 처음 만나
할배는 수줍어 뒷간에서
나오지도 못했다

엄마 없이 자란 할배가 불쌍해
잘해 준다는 따뜻한 할매

할배는 할매가 억수로 좋다
빨래도 하고 설거지도 하고
온갖 일을 다 한다

썰물로 드러난 갯벌에서
고둥 조개도 캐고
맛있는 웃음꽃이 번진다

주름진 얼굴 다정히 바라보는
다시 태어나도 만나야 할 사람

천생연분

노을빛으로 물든 사랑
행복이 몽글몽글 피어오른다

마지막 계절

생의 마지막 계절
아무도 주목하지 않는 황혼
모든 것 내려놓고 떠나야 할 때

살아내기 위한 아픔도 존재의 삶
지내 온 날들의 흔적은
눈물겹도록 가상하다

산마루 저편 저무는 서녘 노을은
죽음의 은유로 타오른다
이제 더 이상 허상은 아니다

메멘토 모리*
죽음을 기억하라

우리에게 우리의 날 계수함을 가르쳐
주셔서 지혜의 마음을 얻게 하소서*

내 인생의 남은 날은 얼마일까
번민은 시간 낭비다
시간은 멈추지 않는다

지나온 모든 것에 감사하며
남은 날들에 최선을 다하는 삶
마지막이 아름다운 삶을 살아내자

저 멀리 수평선이 아스라이 보인다

*메멘토 모리(Memento Mori): '죽음을 기억하라'는 뜻의
 라틴어 경구
*구약성경: 시편 90:12

기다림의 연속

사람의 일생
기다림의 연속

유년에서 노년까지
죽음으로 가는 기다림의 시간

죽음 또한 새로운 시작임을
영원한 삶이 기다리고 있다

작은 행복

물기 없는 담장 밑에서
잘 살아내는 채송화

많은 사람이 찾아 주는
멋진 화려함 없고

그럴듯한 이름 주어진
거대한 정원이 아니어도

외로운 토담집 앞마당을
조용히 밝히는 모습

허물어진 울타리 넘어
눈물겹도록 거리를 비춘다

억겁의 세월이 흘러도
변하지 않을

드러내지 않은
작은 빛이 행복이라는 걸
누구라도 알아보기나 할까

삶의 시간

산다는 건
새로움의 연속

태어나서
마지막을 향해 가는 그때까지
새 삶의 시작임을

마침표 없는
영원한 삶은
약속의 땅에서 다시 일어나

믿음의 길 따라
끝없이 이어진다

옛날은 가고

오랜 세월 간직한
호젓한 지난날
에돌아 찾아 나선다

메타버스의 첩첩 미로를
더듬더듬 찾아봐도
그 옛날은 보이지 않는다

파문이 일 듯
그리움은 불쑥 밀려오고
쓸쓸함 더해 가는 숙명인가

지난날은 흔적 없고
언젠가 너와 내가 가고
영원한 것은 없다

파르르 떨고 있는 풀꽃에
사랑한다는 말 전하며
다시 시간의 미로를 걷는다

쉼표를 찾아서

얽힌 생각이
하얀 파도 되어 밀려오면
그 자리에 찍고 싶은 쉼표

칡과 등나무의 얽힘을
도저히 감당할 수 없을 때
그 어떤 생각도 버리고 싶다

소리 없이 속삭이는 봄비에
젖어 드는 그리움
방황하는 사유의 고독

나직한 파도의 속삭임
풀지 못한 미완의 시
물결치는 몽돌 해변 어디쯤
활짝 열어 풀어내 보일까

끝없는 투쟁에서 얻는
작은 물음표의 답을 풀고
숨 한번 쉬다 갈 쉼표를
황홀한 울림으로 그리고 싶다

공존하는 삶

햇살이 눈 부시다
새들의 자유로운
날갯짓이 부럽다

햇볕은 햇볕으로
새들은 새들로
꽃들은 꽃들로

상부상조하며
기지개를 켜기 시작한다

공존하는 모든 것은
소통의 대상들이다
혼자가 아니라고
외로워하지 말라 눈짓한다

풀잎 하나에도 의미가 있어
바라만 보아도 좋다
아름다운 자연의 축복이다

시련의 계절

위안의 바램으로
양지바른 나무 위에 앉은
참새들을 본다

옹기종기 서로를 지켜 주며
살아가는 모습이
외롭지 않아 보이는데
그러다 어디론가 우르르 몰려간다

철새들도 겨울 하늘을
기다란 행렬 이뤄 가며
안식처 향해 날아간다

자유스러운 저들의 삶도
공존하는 질서와 힘으로 살아간다

세월의 무게가 버거운
우리의 삶
짙은 황혼의 길은
얼마쯤 더 갈 수 있을까

맑은 영혼으로 살아내는 것
영원한 위의 것을 생각하며
그 길을 향해 숨 고르기 하며
간절히 기도한다

찬란한 물보라에 감싸인 듯
성스러운 평안 밀려온다

느린 삶의 미학

세월의 흔적이 역력한 모습
침묵으로 걷는 느린 걸음에도
세상사 돌아가는 것 알고 있다

부딪히고 싶지 않은
거친 것들은 지나쳐 버리는 지혜
차마 볼 수 없는 세상
속앓이 삭이며 두 눈을 감는다

맑은 물 푸른 숲
청정함 마주하며
무욕의 삶을 살아간다

서둘지 않는 여유로
포기하지 않는 끈기로
조용히 자신의 길을 간다

제2부
시간이 멈춘 곳

시간이 멈춘 곳

눈 내리는 겨울
무작정 걷던 청순한 젊음

발자국 되돌아보지 않은
푸름 가득한 길

기적 소리
산허리 돌아
떠나간 아득한 날의 여운

여름날 오후
적적함 달래 주던
시냇물 윤슬의 속삭임

책갈피마다
묻어 둔 가을 잎새
풋풋한 시어(詩語)들

시간이 멈춘 한편
푸름이 여울진다

봄 여름 가을 겨울

실개천 갯버들
아지랑이 아롱아롱
두 손 벌려 다가오는 모습
봄이었다

연분홍 설렘 초록빛 사랑
눈 한번 깜박일 때
함박웃음으로 다가온 너
여름이었다

나무 잎사귀 황홀한 채색으로
치장하고
옅은 갈색 바람
낙엽이란 이름으로 아파했던
가을이었다

이별이란 아픔 살며시 건네주고
아스라이 사라져 버린
밤하늘 싸락별도 숨어 버린
겨울이었다

빈 노트

내 안의 빈 노트에
무엇으로 채울까

언제 찾아도 반겨 주시는
따뜻한 분
나의 구원자

죄 없이 그 모진 십자가 지신
유일한 분 예수님만 믿고 따르는 삶
살아가는 삶의 이유이다

내 마음 깊은 곳
사랑으로 오신 그분만으로
가득 채우련다

성묘 가는 길

가냘픈 코스모스 바람에
흩날리며 서 있었고

밤송이 여기저기
많이도 떨어져 있었지

거센 폭풍우 지나간 자리
눈이 시리도록 맑은 하늘

그분과 동행하며
믿음으로 살아 낸 세월

꿋꿋하게 잘 자란 상록수
바라보는 노송

노을빛 지평선 앞에서
만감이 교차한다

삶이 고달픈 나무

푸른 꿈 찾아 날아온
미루나무 한 그루

높은 하늘 구름이 더 정겨운 건
키 큰 외로움 때문이다

하루에도 몇 번씩
뿜어내는 매연과 소음에
지쳐 늘어져도 참아 낸다

주어진 소명이 있기에
눈앞에 아른거리는
두고 온 어린 혈육을 생각한다

미루나무 잎사귀에
밝은 햇살이 미소 짓고
사랑의 찬가가 들려오는 날

아이야 앞산 철쭉꽃 꺾어
화관 만들어 머리에 쓰고
사랑 가득 꽃동산 거닐어 보자

헌책방을 추억하며

소녀 시절
신작로 옆 헌책방에 들러
매일 혹은 하루건너 한 권씩 빌려
꿈꾸듯 읽던 문학책들

시간은 흘러 대학 시험을 치르고
그 헌책방을 또 찾았다
책방 주인은 대뜸 학생 문학 공부할 거지
아무 말도 나오지 않았다

옛 분들은 환영하지 않았고
다른 길로 들 수밖에 없었다

자신이 좋아하고 하고 싶은 것
절대적 미래 지향적 바람이고 꿈이다

이제 짙은 황혼에 선 지금
일생 내 마음 자리하던 못 이룸의 괴로움도
운명이었는지도 모른다

지나간 것은 잠깐 머물다 간 물안개였음을
이제 주님을 알고 그분을 믿고 따르는 삶
웬 말인지 웬 은혜인지 감사한 마음뿐이다

삶의 길목에서

야트막한 돌담
한적한 시골 마을

인적 드문 토담집
여유롭게 매달린 빨간 감
온 동네 가을물 들었다

옛사람들 다 어디 가고
우듬지 붙든 잎사귀에
햇살 한가로운

적막한 생의 길목에서
늘 함께하시는 분
존재만으로 힘이 되는 그분

영원의 길 동행하며
지켜 주시는 크신 은혜
내 영혼 깊이 스며든다

햇살 아래서

빈 의자에 홀로 앉는다

자신이 누구인지
아무것도 모르는

햇살 한 자락
얼굴이 평화롭다

양지바른 곳 즐기는 너는
디오게네스처럼
그저 햇볕이 주는 평온함이 좋다

전도자는 말한다
헛되고 헛되며 헛되고 헛되니
모든 것이 헛되도다* 라고

그 어떤 무엇도 원치 않는
햇살이 주는 평온만 있을 뿐

***구약성경**: 전도서 1:2

마실 길

나른한 오후
길가 플라타너스 따라
동네 마실 나선다

지난 시절엔 옆집이
주된 마실이었는데
변해 버린 고샅을 혼자 걷는다

바람에 나부끼는 잎사귀
철 따라 피는 예쁜 꽃
나뭇가지에 앉아 지저귀는 새
푸른 하늘이 정겹다

마실 길 걷다 보면
저절로 떠오르는 걸음에
푸릇푸릇 솟아오는 즐거움
하늘 향해 감사기도 올린다

어느 날 문득

강변 둑에서 바라보던
노을빛 언덕

능소화가 피어 있던
한적한 옛 동네 어귀

작은 노포 앞마당에서
졸고 있던 순한 삽사리

피안(彼岸)의 길로 떠나 버린
단발머리 옛 벗들

그저 자연 속에서
잠깐 머물다 가는 나그네일 뿐

어느 날 문득 스치는 옛 생각
짙은 해무 속 잔영들이 발돋움한다

아직 미완의 그림 앞에서
불현듯 삶의 종착역을 그려본다

겨울밤 옛이야기

어린 시절
긴 겨울밤 초저녁 화롯불 가에 앉아
아버지가 들려주시던 이야기

눈은 와서 백두산이요
비는 와서 진득산인데

메추리란 놈이 먹을 것이 없어
궁리한 끝에
쥐란 놈한테 가서 구하리라 맘먹고

쥐 집 문 앞에서
밤이면 밤마다 남의 곡식 훔쳐 먹는
이놈 쥐생원 있나 하고 호령했다

상전 쥐가 안에서 듣자니 괘씸한 놈이라
하인 쥐를 시켜 들어오게 하라 하고

보아하니 며칠을 굶은 모양이라
한 상 차려 배부르게 먹게 하고

괘씸한 메추리란 놈
그냥 보낼 수 없어
하인 쥐 여러 마리가 달려들어
후줄근하게 힘껏 때려 내보내게 했다

좋은 말은 하기 싫고
부지런한 쥐 얕보다 망신당한
메추리 꼬리 실종 이야기

그 후로 두들겨 맞은 메추리는 꽁지가
다 빠져 버려 지금도 없다고 한다
남을 무시하고 상처 주는 말을 하면
몇 배의 고통을 받는다는 교훈적 설화이다

맑은 소망

주어진 날들을 끝없이
채찍질한다
과거는 소멸한 부질없는 것일 뿐
현재는 미래를 결정하는 무거운 실상

언젠가 맞이할 영원을 준비하기 위해
순례자의 길 걷고 싶은 열망으로
온밤 지샌다

그분의 고난을 생각하면
눈물샘은 뜨거워지고
사랑과 경외심에 떨리기도 한다

희생으로 펼친 삶의 모습
온유한 그 마음 닮고 싶다
행함이 있는 믿음으로
기도하며 살아가야지

청명한 가을날
오늘은 더 맑게 보이는 푸른 하늘
빛으로 오신
그분의 형상이 찬란하게 다가온다

웃음의 여운

후드득 소리와 함께
비 그친 오후

열대야를 이겨 보려고
상추를 떠올리며
야채 가게를 찾았다

'상치 있으예' 했더니
'상치는 없고, 상추는 있어요'

천연덕스럽게 답하는
주인의 위트에
웃고 또 웃고 한참을 웃었다

오늘 밤은 웃음의 여운으로
잠이 들 것도 같고
어쩌면 달아날지 미지수다

상추를 씻으며
상치 상추 되뇐다
다시 웃는다

아침 까치

칠월칠석이 가까워지면
까막까치가 없어도 그냥 좋았다

남쪽 바다 짠 내음에
예쁜 조개껍데기 한 움큼으로
저녁놀에 기대어
설렘 부풀었던 시절

이제는 모든 게 달리 보이고
남은 달을 생각한다
반년밖에 남지 않은 한 해를

고통스러웠던 어제
그런대로 괜찮은 오늘
달라지는 삶의 셈법

생로병사는 자연의 이치
스스로 달래며 살아가야지
아침 까치가 반갑다

이별

늦가을 비 그친 뒤
폭풍 같은 바람이 분다

잎이 모두 떨어진
하얀 자작나무
그 고고한 모습

나무들이 잎을
서서히 비워 내고
가지 끝에 작은 잎 하나
이별을 말해 준다

창가에 앉은 새 한 마리
푸드덕 가 버린 날의 공허함

이별은
텅 빈 아픔으로 스며들고
남겨진 외로움은
바람 되어 허공을 맴돈다

하늘의 별

가을이 가신 줄 알았는데
창가에 낙엽 하나

못다 한 삶 미련이 남아
떠날 줄 모른다

먹먹한 가슴 애처로워
밤하늘 바라본다

깊은 밤 마시는
커피 한잔은 가슴속
짙은 아픔으로 물들인다

모든 것이 정지된 지금
가슴에 묻은 별 하나

어쩌다
하늘의 별이 된 너를
얼마만큼의 세월이 흘러야
잊을 수 있을까

고향집 풍경

바다 냄새 훈훈한
남쪽 하늘 아래
온화한 나의 고향집

앞뜰엔 향기 짙은
하얀 꽃 호랑가시나무
푸른 잎의 나무들
뒤뜰엔 감나무 한 그루
가을이면 감이 주렁주렁

여름이면 우물물 한 두레박
시원하게 등물도 하고
오이도 차디차게 띄워 한입 먹고

여름 밤하늘 별 바라보며
사랑하는 조카들과
꿈같이 지낸 어린 시절

작은 다락방에서
안네 프랑크처럼 매일 일기를 쓰며
꿈을 꾸는 듯 읽던 문학 작품들
내 꿈을 키워 준 보금자리

언제나 가고 싶은 곳
꿈에도 잊을 수 없는
그리운 나의 고향집

둥근 달

구만리장천 먼 밤하늘
밝고 환하게 비춰 주는
모나지 않은 동그란 얼굴

어느 낯선 땅 고독한 이방인
가늠할 수 없는 그리움
온화하게 녹여 준 발그레한 미소

이런저런 넋두리
귀 기울여 다 들어주고
넉넉하게 보듬어 주는 보름달

너와 나를 만드신
그분의 영원한 사랑
누가 갈라놓을 수 있으랴

손 내밀면 금방 닿아
서로의 온기를 확인하는 밤
떨어져 있어도 하나의 영혼이다

제3부
바다바라기

바다바라기

바닷가에 핀
이름 모르는 한 떨기 꽃

하염없이
바다만 바라본다

무슨 생각을 하고 있나
외로운 꽃

무심한 파도는
아무 말이 없다

날아가는 갈매기도
소리 없이 지나간다

그리움 가득
언제나 그 자리

바다만 바라보는
바다바라기

빨간 공중전화

동네 어귀
빨간 공중전화 부스

많은 사람들이
누군가에게 이야기 들려주고
기쁨과 슬픔을 전해 주던 비밀의 공간

어떤 이는 웃음으로
어떤 이는 눈물 글썽이며
어떤 이는 보고 싶다고

모든 사람의 애환을 다 들어주던
푸근하고 정겨운 옛 벗
눈여겨 살펴봐도 보이지 않는다

스마트폰에 할 일 빼앗겨
어디론가
사라져야만 했을까

십 원짜리 동전 떨어지는 소리에
가슴 조이며 속삭이던 붉은 전화통
삐 소리 들으며 서둘렀던 말

가끔 생각에 잠길 때면
그날의 이야기들이 그리움 되어
귓전을 울린다

푸른 갈매기

남쪽 하늘 푸른 바다
훨훨 날아가고 싶은 갈매기

사방을 훑어보아도
꽉 막힌 날 수 없는 장벽 너머
자유를 향한 꿈
그 누가 꺾을 수 있을까

어둠의 철조망 뚫고
무섭고 끔찍한 온갖 고난 겪으며
사선을 넘어 찾아온 자유의 땅

얼마나 꿈꾸며 그렸던 곳인가
사랑과 온정이 넘치는 사람들과
자기 생각을 말할 수 있고
무슨 일이든 도전할 수 있는 나라

백합 같은 청순한 여인을 만나
웃음꽃 만발한 가정 이루고
올망졸망 예쁜 아이들과

푸른 파도를 넘어
푸른 들과 하늘 맘껏 날아다니리

해변 연가

뜨거움에 타오르던 모래
알알이 햇살에 꿰어 잠든다

기세등등한 더위를
힘차게 몰아내는 파도

해변에 밀려오는
하얀 물보라

낭만 객들이 남긴 추억의 노래
발자국에 고여 메아리친다

모래밭에 저녁노을 닐 때까지
잔잔한 여운
이별의 악보를 그린다

맹꽁이 소리

잠 못 이루는 여름밤
공원 산책길 나선다

어디선가 들려오는
낯익은 정겨운 소리

연못 안쪽 부들 숲에서
끊어질 듯 이어지는
맹꽁이 울음

고즈넉한 한여름 밤
향수에 젖게 하는 맹꽁이

도시의 작은 연못에서
보일 듯 말 듯 펼쳐진
고향의 정경

아득한 날의 그리움
여름밤 하늘 메아리친다

겨울밤

겨울밤을 환하게
밝혀 주는 가로등

겨울 속 목련 모습
저 마른 가지에 맺혀 있는 송이들이
활짝 꽃으로 변신하는 날

나는 저곳에서
봄을 가슴으로 맞이하겠지
그때는 창백한 황무지
찬란한 빛으로 살아나겠지

화려하게 수를 놓은 듯
멋진 겨울밤 불빛 풍경
고즈넉한 마음자리 다독여 준다

적막한 시간
깊은 상념에 젖어 드는
불면의 겨울밤은 길기도 하다

외딴집

바닷가 외딴집
파도 소리 넘치는 오두막

갈매기 울음
쓸쓸함 넘실댄다

모래 텃밭 한쪽
호박잎 오이잎 마주하고

울타리 흔드는 바람
외로움을 달랜다

서쪽 하늘
붉게 물들어 가고

낮게 깔리는 굴뚝 연기
걸음 멈춰 노을 감싼다

인어 소녀

인적 없는 외딴섬 바위 언덕
일출부터 일몰까지
노을 진 바다만 바라보며
살아야 할 운명이라면
무엇이 되었을까

망망대해 파도 앞에
실어증에 걸린 인어 소녀
청동빛 물든 손가락으로
모래밭에 쓴 침묵의 문자
뭐라고 읽어야 할까

파도가 밀려오고 쓸고 간 자리
쓰고 또 썼을 그리움
아무도 모르는데

봄 여름 가을 겨울
사무치게 밀려드는 아련한 꿈
갈매기 날개에 실어 보냈을까

푸른 수평선 너머
멀리멀리 날려 보내어
흩어지는 구름에 실었을까
꿈속에서라도
내일은 어디론가 갈 수 있겠지

등나무꽃

길가 울타리 보랏빛 등나무꽃

화사한 봄 5월
길손들 발길 붙들고
놓을 줄 모른다

꽃향기에 취해 벤치에 앉아
옛 생각에 잠기면

초등학교 운동장 담벼락
주렁주렁 꽃구름 이루고
해그림자 지워 주던 꽃송어리

잃어버렸던 어린 시절
보랏빛 향기에 피어나

추억의 터널로 돌아가
향수에 젖게 하는 등꽃

흠뻑 젖은 향기 날릴까 봐
조심조심 옷깃 여민다

저무는 해변

모래알 몸살 앓던
뜨거웠던 해변

늦여름 더위 꺾인
아침저녁
선선한 기운이 감돈다

피서객들 모두 떠난
한산한 바닷가

썰물이 휩쓸고 간
텅 빈 해변은 쓸쓸하다

해거름 녘 모래에 부딪치는
파도 소리 스산하기 그지없다

고목

밭이랑 한편
고목 한 그루

몇 해 전만 해도
푸른 잎 속삭이는 소리
바람에도 정겨웠는데

혼자 버텨 낸 자리가
그렇게 힘든 곳이었는지
그림자 옅어지고 가지 늘어졌다

야속한 세파에 떠밀려
녹음을 잃은 지금
산마루에 걸린 석양
쓸쓸하기 그지없다

아침노을에 품었던 희망
저녁노을에 잃었어도
굳건한 고목

오래도록 자리 지키려는 듯
똑바로 앞만 바라보며
흐르는 세월을 지긋이 바라본다

푸른 솔

눈 내린 숲 푸른 솔
그렇게 많던 발자국
하나하나 헤아리며 노래하던
매미들도 다 사라지고

눈 더미 위에 날개 자국 찍는 새들
저희끼리 주고받는 말
뾰족한 우듬지에 퍼져 간다

발 달리고 날개 있는 생명들
어딘들 못 가랴
때가 되면 떠나고 다시 오는 것

좋을 땐 함께하고
관심 줄 놓으면
눈길 머물 자리 멀어지는 세상사

이런들, 저런들 어떠하리
칡넝쿨 어울려 사는 세상
한결같은 마음 지키며
푸르게 푸르게 살아가리라

빗소리

맑은 개여울
징검다리 지나

피아니시모로 건반
두드리더니
갑자기 포르테로
무섭게 때린다

몽상에서 깨어나
두 눈 크게 뜨고
어지러운 이명에서
벗어나게 하는 하늘 소리

영혼을 일깨워
비른 기 뜨게 하는 빗소리

평행선

닮은꼴 둘 사이
건널 수 없는 강이 있다

어느 한쪽도 기울지 않는
팽팽한 줄다리기

수평선 너머
끝내 닿을 수 없는 섬

안개꽃

푸름으로 달려오는 손짓에
뒤꿈치 들며 설렌다

물안개 피어오르는 강 건너
흐릿한 몸짓으로 하늘거리는
하얀 꽃물결

살며시 보내오는 미소
가녀린 순백의 모습에
두 손 들어 흔든다

노란 프리지어 옆자리
수줍게 일어서는 해맑은 얼굴
봄빛에 피어난 풋사랑인가

일렁이는 잔물결의 떨림
건너지 못한 강물에 띄워 보낸다

해당화

바닷가 모래밭에
누구를 기다리나
바람 타는 붉은 해당화

파도 적신 발끝에 써진 사연
갈매기도 읽지 못해 끼룩거리고
시리도록 푸르게 멀어지는
망망대해를 바라본다

철썩이는 파도 앞 막아서서
하얀 물꽃으로 피어난 그리움
부딪치며 내는 소리 퍼져 간 뒤

하늘가 수놓은 까치놀 품고
은가루 쌓인 백사장에
붉은 울음 토하는 해당화

돌아온다는 약속 잊지 못해
꽃 핀 자리에 맺힌 기다림
저녁놀에 엎혀 어스름 밝힌다

제4부
새봄의 소리

새봄의 소리

봄의 화신이
서서히 눈을 뜨고 있다

계곡의 눈 녹아내리고
살얼음 밑 흐르는 냇물
꽃망울 터뜨리는 소리

봄 내음 감도는
찬 바람 귓전을 스치고
작은 텃밭
냉이 향 가슴 설렌다

새봄 알리는 푸릇푸릇 새싹들
사랑하는 아이들 마음밭에
엄마 사랑 봄 향기 전해 주련다

봄비 소리

새벽 공기 싸늘한
이른 봄비 소리에

꿈속을 유랑하던 영혼
파노라마처럼
긴 터널을 지나 깨어난다

끝없이 빠져드는
사유의 늪

흘러가 버린
무정한 날들의 허상
콧등이 시큰하다

우짖는 빗소리 그친
창가 너머
앞산 물안개 시나브로 사라진다

봄이 부른다

달래 냉이 돌나물
바지락 된장찌개

봄 향기 가득
맛깔 나는 봄이다

산수유 꽃망울
터질 듯 부풀고
개나리 꽃봉오리 맺혔다

움트는 몸부림
날 부르는 손짓 끝에 맺힌
꽃의 향연

봄은 나를 부르고
나는 봄을 부른다

갯버들

솜털 뽀송뽀송
시냇가 버들개지

예쁜 아가 뺨 버들강아지
나붓나붓 나비춤

봄기운 한 아름 방긋방긋
냇물 소리에 웃음 맞추고

울고 싶을 때 하늘 보고
웃고 싶을 때 너를 보는

곱디고운 사랑
옹이진 가슴 녹아내린다

할미꽃

지난밤 내린 봄비에
연분홍 꽃 연둣빛 잎새들
화사한 모습을 드러낸다

할미꽃은
빗물 방울도 버거워
고개 떨군다

언제 기운찬
날들이 있었던가
홀로 미소 짓는다

오랜 세월의 무게에 짓눌린
찾아오는 이 없는
황량한 가슴에 노을이 진다

할미가 되어 허리 굽은 꽃
지는 석양 바라보며
남은 날들을 생각한다

작은 꽃들

작아도 아주 작은 꽃

한적한 풀숲
이름도 없이 무리 지어
조용히 존재감을 알린다

화려함보다
보일 듯 말 듯

봄바람에 하늘거리는
작은 꽃들의 실루엣

그 작은 순수의 모습
눈여겨보는 이 없어도
맑은 영혼으로
잊히지 않을
작은 꽃으로 살고 싶다

매미의 지혜

맴맴 맴맴맴
쉬지 않는 높은 곡조

한여름 오수를 깨워도
싫지 않은 정겨움

소리 없이 드러내지 않은
인내의 긴 여정

짧은 생애 뜨겁게 사랑하며
역할에 충실한 무욕의 삶

가야 할 때를 아는 지혜
깊은 울림으로 젖어 든다

찔레꽃

보리누름 시작되면
풋풋한 소녀 시절
찔레꽃이 그려진다

나직한 울타리
정겨운 하얀 찔레 향기
예쁜 모습에 설레던 마음

여름으로 가는
남녘 훈풍
목덜미를 간지럽히면
보리밭에 일렁이는 파도

예쁜 가시에 찔린
순백의 사랑
가슴 한편 자리한
하얀 그리움

가 버린 날들의 파편들이
찔레꽃 향수에 젖어
고향의 그림 퍼즐을 맞춘다

초록 들판

뜨겁게 익어 가는 여름
매미 소리 갈수록 우렁차고
열매는 영글어 간다

허공을 흔드는 잠자리
햇살 안에서
행복한 날갯짓을 한다

가시 돋친 밤송이
발그레한 석류
고추가 붉게 물들어 가고

메뚜기가 차지한 논두렁에
가뭇하게 누워 가는 초록
가을을 재촉한다

영원을 향한 미래를 그리며
맑은 영혼으로
지평선 저 너머 하늘 맞는다

여름 하늘

여름 하늘은 변화무쌍
번갯불 번쩍
천둥소리 우르릉
거센 비가 쏟아지더니

이내 먹구름 개고
언제 그랬냐는 듯
하늘은 청명하다

이렇듯 변덕이 심한 여름날
눈 뜨면 달라지는
세상살이도 다를 게 없다

우리네 삶도 흔들리고 있음을
금방 지구상에 엄청난 일이
다가올 것 같은 예감

움츠러드는 불안감
무엇으로 풀까

스스로 있는 자
천지 만물을 창조하신 그분께
간절한 마음으로 기도드린다

가을 문턱에서

여명의 새벽달 고요하게 흐른다

운무 자락에서 솟아나는 뭉게구름
서서히 모습을 드러내어
푸른 하늘을 수놓고

아침 맞던 까치 한 마리
부산하게 가지 흔들다가
휙 날아가 버린다

담쟁이넝쿨잎도
가을색으로 물들어 가고
어디선가 풀벌레 소리
애잔하게 들린다

한낮 더위는 여전하나
어느덧 계절은
가을 문턱을 넘고 있다

오고 가는 이 계절에
나는 또 얼마만큼 익어갈 수 있을까

슬픈 낙엽

슬그머니 소리 없이
찾아온 가을비

후다닥 놀란 푸른 은행잎
아스팔트 바닥에
속절없이 떨어졌다

한순간 낙엽이 되어 버린
아직은 푸른 잎

익어 가는 가을
아름다운 유채색으로
물들고 싶었는데

산과 들 누비며
멋진 가을 되어 주고픈 마음
산산이 부서진 꿈

하늘을 향해
울고만 싶은 슬픈 낙엽이여

가을 사랑

한적한 길 숲
꿈속을 거닐게 한다

아주 작은 카페
한 잔의 국화차를 마시며
창밖 단풍 든 풍경 바라본다

네가 좋아서
은빛 억새 길도 걸어 보고
코스모스도 사랑한다고
조용히 속삭여 주었지

부스럭부스럭 소리
눈 뜨고 보니
고운 임이 떠나려 한다

불어오는 삭풍에 밀려
가야만 할 운명

이별의 서러움에 젖어 드는
여린 가을 사랑한다는 말
가슴에 묻어 보내리

핑크뮬리

꽃도 아니고
억새도 아닌 것이

핑크빛으로 물들인
젊은 여인의 긴 머리카락
아름답고 부드럽다

바람결에 처음 만난
화사한 모습
이색적 감성에 젖는다

불현듯 머리를 스치는
해맑은 시절
긴 머리 소녀

갈바람에 실려 온
핑크빛 그리움
몽환적 풍경에 물들고

가을옷 갈아입은 여인의 꿈
하늘하늘 길게 풀어 놓는다

가을 울타리

계절의 울타리에
맑은 가을을 심는다

탱자나무 대신
하얀 메밀꽃을

실눈썹 낮달
살포시 반겨 주고

그믐달도
환하게 웃어 준다

쓰르라미 우는 소리에
아파하지 말고

가을걷이 맞이한 뜨락
까치밥 남겨 두고

맑은 사랑으로
울긋불긋 물들이고 싶다

가을 추억

깊어 가는 가을
가로등 불빛이 가을, 가을 한다
가을의 연인도 한없이 다정하다

낙엽 한 움큼 하늘을 향한다
낙엽 흩날리기
이리저리 방황하는 소리

가로수 단풍은 떨어지고
홀로 선 스산한 거리
불빛도 흔들린다

언젠가 외로움에 젖어 들 때
꺼내 볼 수 있도록
고이 간직하고픈 정경

어디론가 훌쩍 떠나가고픈
낙엽 따라 차곡차곡 쌓이는
가을 채색으로 물든 추억이 새롭다

만추(晩秋)

무르익어 가는 가을
눈이 부시도록 채색된 나뭇잎들
꽃보다 더 강렬하고 아름답다

잎에 곱게 내려앉은 황홀
마음 둘 곳 몰라 헤매는
가을날의 우수

가로수 잎 떨어져
낙엽은 쌓이고 더 깊어지는
짙은 순정

화려함 뒤의 긴 쓸쓸함
그리고 또 기나긴 기다림
밟는 발자국 석양빛에 물든다

눈 내리는 날

산에도 들에도
부드러운 순백의 양탄자를
순식간에 펼쳐 놓는다

외진 길 고독한 나무도
하얀 밍크코트 입은
따사로운 모습

고즈넉한 산책길에도
온종일 미소 한 아름
평온한 쉼을 선물한다

하늘나라 하얀 천사
아름다움을 넘어
눈이 부시게 신비롭다

내 작은 뜨락에도
천상의 평화가
소복소복 쌓인다

서리꽃

겨울 이른 아침 풀잎에
하얀 서리꽃 방긋 웃고 있다

차가운 냉기를
온몸으로 밀어내는 듯

모진 추위를 버티고
봄 눈 녹듯이 눈을 뚫고 나온
초록 새순의 장한 모습

얼어 있던 감성이
살아나고
봄이 온 듯 생기가 솟아난다

아침 햇살에 서서히 눈이 부신
영롱한 하얀 서리꽃

파릇파릇 설렘으로 돋아나는
소망이 있다

〈해설〉

하늘과 땅, 인간과 신의 존재를 모아들이는 미학의 시 쓰기

〈해설〉

하늘과 땅, 인간과 신의 존재를
모아들이는 미학의 시 쓰기

이오장(시인, 평론가)

아름다움은 무엇을 말하는 걸까. 우리는 어떤 것을 아름답다고 말할까. 사물은 본래의 모습으로 있을 때 아름다운 것인데 현대의 과학 문명은 존재하는 모든 것을 인식 혹은 기술의 대상인 사물로 만들었다. 모든 있는 것은 그것이 자연 사람 혹은 살아 있는, 무엇이든 관찰하고 인식하여 지식을 얻은 대상으로 바뀌거나 소유 또는 교환하기 위한 사물로 취급한다. 본래 가진 사물의 아름다움을 잊었다. 꽃은 꽃대로의 아름다움이 있고, 어떠한 삶을 살아도 사람마다 지닌 고유한 아름다움은 벗겨지지 않는다. 그러나 현대의 자본주의의 핵심은 사용하기 위해서가 아니라 교환하여 가치를 증식하기 위한 생산 체계로 보기 때문에 본래의 아름다움을 잊었다. 그런 아름다움을 찾기 위하여 시인은 시를 쓰고 삶의 원형을 찾아가려는 노력을 멈추지 않는다.

지순 시인은 대표적인 아름다움을 노래하는 시인이다. 존재하는 모든 것, 하늘과 땅, 인간과 신의 존재를 모아들이는 미학의 시인이다. 신과 사람이 만들어 낸 모든 것은 특징이 있으며 특징은 존재마다 다르고 그 다름이 그만의 아름다움을 만들어 낸다는 자연의 자세로 시를 쓴다. 아름다움은 보는 것만으로 그치지 않는다. 아름다움은 삶의 전체를 통틀어 보고 듣고 먹고 모든 생활에 포함되는 것이다. 사물이 다르게 나타날 때, 다르게 보일 때, 다르게 느낄 때, 각각에서 발현되는 아름다움은 다르게 나타나는데 이것이 지순 시인이 가진 드러남의 아름다움이다.

현대 사회는 이 아름다움을 보지 못하고 그 자리에 소유와 인식의 대상만이 남아 아름다움의 대상이 사라졌다. 이런 마당에 시의 아름다움을 펼친다는 것은 실로 어렵기 짝이 없다. 현대인의 인식을 따라가지 못하게 되는 원인이 되고 시를 포기하는 원인이 되는 것이다. 사물을 대상화하는 시대에 사물의 아름다움을 드러내는 일은 신, 즉 하나님의 존재를 나타내는 행위로 시인이 시를 쓰게 되는 원인이다. 그러므로 모든 예술 행위는 존재 진리와 믿음으로 연결되며, 본질적으로 시를 쓰게 되는 근본이고, 시를 짓는 일과 생각하는 일은 가장 탁월하게 존재 진리를 드러내는 길이다. 이 길은 언어를 통해 만나고 드러남의 형상을 통해 다른 형태로 재현된다.

사유는 시의 출발이며 시는 어떤 사유의 결과로 시인은 본질적인 행위를 통해 인간 존재가 지닌 일상적 이해를 드러내며 이끌어 간다. 본래적이지 않은 이해가 본래적 이해와 해석으로 자리하게 되는 것이며, 시인은 본래 신을 이해하고 해석하는 존재가 된다. 시대를 잊어버리게 된 역사 이전의 체험을 상상하고 인간으로 하여금 기술문명이 가려 버린 성스러움과 진리를 다시 경험하게 만드는 것이다. 그러나 존재 이유와 아름다움을 묻는 시인들에게 독자들의 답은 한결같은 무응답이다. 현대의 습성과 특성을 버리지 못한다. 시인은 철학자가 아니지만 철학적인 사유로 언어를 이뤄 간다. 독자에게 질문하는 것이 아니라 자신에게 질문하고 해답을 찾아가는 것이다. 그와 동시에 형이상학적인 역사가 필연적으로 초래한 존재 망각의 역사로 되돌아 걸어가려고 노력한다. 때로는 사유란 이름으로 일관되게 나타나며 신을 떠난 어두운 밤과 가난한 시대의 시인이란 말로 존재의 망각 시대를 되돌아보는 것이다.

1. 보편적 감수성에서 생겨난 물음의 근원을 찾아내기

예술이 세계와 자연을 이해하고 심미적 이해를 표현하는 행위라는 말은 예술 작품은 인간의 근원적 특성인 이해를 담고 있다는 것을 말함이다. 삶에서 얻은 아름다움은 삶을 그대로 재현하는 것이 아닌 보편적인 감수성에서 생겨난다. 꽃이나 나무와 온갖 동식물에서 인간이 지닌 의미를 찾아내어 동일한 아름다움에서 재현의 차이를 만들어 가는 것이다. 지순 시인은 천성적으로 존재의 드러남을 표현하는 특별함이 있다. 그것은 믿음의 근원에서 얻은 인간의 의미적 특성과 그 안에 담긴 진실성이 아름다움을 통해 재현되는 과정을 뜻한다.

일생을 살아가며
마주하는 순간들

이런저런 일로 만나게 되는 사람
화사한 봄볕으로 편안한 사람이 있고
상처받게 하는 사람도 있다

넓은 공간에서 다른 이들과 함께하는
일상의 모습에서 내 모습은
어디쯤 있을까 가늠해 본다

타인에게 비친 나의 내면은
어떤 모습으로 반영되었을까

길지 않은 인생
잠시 후면 사라질
그냥 훅 지나가는 바람 같은 존재들

무가치한 일로
삶이 불편하다면 흘려버려야 한다
그들도 스치는 인연이었음을 기억하자

너희 안에 이 마음을 품으라
곧 그리스도 예수의 마음이니

주님의 마음으로 살아가는 삶

용서하고 사랑하는 것
그분이 기뻐하시리라 믿는다
　　－「살며 생각하며」 전문 －

　원론적으로 사람은 자연의 일부다. 자연에서 태어나 자연과 함께하다가 자연으로 돌아간다. 그러나 정신이라는 지고 무상한 인지력이 존재하여 자극을 받아들이고 저장하고 인출하는 능력을 발휘하여 지각과 기억, 상상, 개념, 판단과 추리를 하여 무엇인가를 알아내는 능력으로 살아간다. 여기에는 수많은 착오가 생기고 어긋남이 발생하여 고난에 의한 고뇌와 스스로 지각하지 못하는 고통을 당한다. 이것을 견디기 위하여 협동하여 사회라는 단체를 만들고 국가를 형성 융성을 이룬다. 그렇지만 그 협동으로 말미암아 무수히 많은 분열을 겪어야 하고 다툼으로 인하여 전쟁까지 저지른다. 삶은 개개인이지만 삶의 과정은 단체를 이뤄야 하는 것에 모순이 생겨나 힘들게 한다. 그것을 벗어 내고 올바르게 사는 방법은 많다. 자신을 희생하여 헌신의 삶을 살면 문제가 없다. 그러나 남보다 많이 얻고 남보다 많이 쌓으리는 본능적 욕망에 사로잡혀 스스로를 망가트린다. 지순 시인의 살아가는 방법은 다르다. 삶에서 만나는 모든 사람 틈에서 내 자리를 먼저 찾아내고 그 자리의 역할에 충실하다면 힘들 필요가 없다는 것을 깨우쳤다. 그 깨우침이 신을 만나게 하고 은혜를 입었다는 사실을 알게 되었다. 무가치한 일에 매달려 낭비하는 삶이 아닌 원형의 믿음으로 가치를 찾은 것이다. 창조주의 가르침으로 살아가는 삶, 그 삶은 용서하고 사랑하는 것이라는 것을 깨우쳐 그렇게 사는 방법이 스스로를 값지게 하고 그분의 은혜에 보답하는 것이라고 믿는 아름다움을 펼친다.

우리가 사는
주위를 살펴보자

지나친 소유
언젠가 거기에 파묻혀
헤어 나오지 못할 것이 분명하다

필요 이상의 많은 물품들
버릴 건 버리고
기증할 건 기증하고
생활을 간소화하며 살자

꼭 필요한 몇 가지 외에는
못 가진 자들을 위해 쓰자
긍휼히 여기는 마음을 갖자
마음의 생각도 맑고 투명하게
복잡하고 불필요한 잡초들은
다 뽑아 버리자

사회적 관계도 아니라고 판단되면
과감히 끊어 내어

새로운 문을 열어야 한다
간편하고 단순하게
주위를 살펴보며
밝고 건강한 삶을 살아가자
　　　　－「심플 라이프」 전문 －

　삶의 아름다움을 찾는 데는 반드시 대가가 따른다. 자연답게 자연을 봐야 하므로 주위의 가림을 모두 벗어 내야 한다. 그렇지만 쉽지 않다. 너무 많아 아름다움을 보지 못한다는 것을 잊고 자꾸 쌓기만 한다. 하나가 둘이 되고 둘이 탑이 되는 줄을 모르고 가지려고 하는 심리는 본능적인 욕망을 앞서는 사치다. 남을 의식하다 보면 더욱 그런 심리가 앞서게 되는데, 우리는 혼자 살 수 없는 관계로 단체를 이루므로 남을 의식할 수밖에 없어 욕망은 더욱 커진다. 일상을 돌아보면 쓸 수는 있으나 과도한 것을 자주 본다. 철에 맞춰 한두 벌 가지면 되는 옷가지를 보면 누구를 막론하고 거추장스럽게 많다. 버리려는 생각을 가지고 과감하게 버리든지 남에게 양도하면 좋은데 그렇지 못하는 것은 무슨 이유인가. 소유욕이 넘치기 때문이다. 지순 시인은 이점을 간과하지 않았다. 훌훌 벗어 내는 경지에 들어 과감하게 베풀라고 말한다. 주위를 둘러보면 너무 많이 가져 힘든 사람이 많지만 자신은 그것을 모른다. 그렇기 때문에 더 가지려고 하는 욕망이 쌓이는 것이다. 이것을 질책하는 시인의 사회관계망에 요구한다. 남을 위한 삶을 살라고, 강요하지는 않지만, 자신을 위한다면 가볍게 살아야 한다고…….

    깊어 가는 가을
    가로등 불빛이 가을, 가을 한다
    가을의 연인도 한없이 다정하다

    낙엽 한 움큼 하늘을 향한다
    낙엽 흩날리기
    이리저리 방황하는 소리

    가로수 단풍은 떨어지고
    홀로 선 스산한 거리
    불빛도 흔들린다

    언젠가 외로움에 젖어 들 때
    꺼내 볼 수 있도록
    고이 간직하고픈 정경

    어디론가 훌쩍 떠나가고픈
    낙엽 따라 차곡차곡 쌓이는
    가을 채색으로 물든 추억이 새롭다
                    - 「가을 추억」 전문 -

  계절을 4등분으로 나눈 지역은 낙원이다. 여름만 존재하는 열대지방이나 겨울만 있는 한대지방에 없는 자연현상이 존재하여 항상 변화의 삶을 보여 준다. 봄. 여름. 가을. 겨울이 분명한 우리나라는 온대지방의 가운데를 차지하고 사계의 구별에 의한 아름다움을 만끽한다. 그중에 가을이 가장 아름답다고 하는 사람은 진정한 의인이다. 결실의 계절이고 멸실의 계절을 동시에 갖췄기 때문이다. 유독 가을을 좋아하는 이유는 그것뿐이 아니지만 색깔의 향연을 누리며 다음 해를 맞이할 준비를 하는 이유다. 가을이라는 말의 근원도 가실가실의 거둠에서 나왔으며, 겨울을 대비한 식량 준비는 가을이 아니면 불가하다. 시인은 그런 가을이 좋다. 한없이 좋기만 하다. 마치 소녀 시절의 향수에 젖듯이 단풍잎을 날리고 날리는 잎에 추억을 새기는 장면을 상상해 보면 그 심성이 어떠한지를 말하지 않아도 알게 된다. 언젠가 외로움이 닥칠 때를 대비하여 많은 추억을 쌓고 그것을 잊지 않기 위하여 가을 놀이를 한다면 계절의 영광을 전부 받는 것과 같다. 아름다움을 추구하는 시인의 심성이 그대로 묻어나는 작품이다.

2. 진실한 심성으로 삶을 체험한 아름다움

모든 아름다움은 어디에서 나오는 것일까. 미술 음악 영화 문학의 예술은 모두 자연에 근거를 두지만, 사람이 가장 선호하고 가깝게 느끼는 것은 언어예술에서 나오는 아름다움이다. 특히 시에서 나오는 아름다움은 사람의 심리를 지배하는 힘을 가졌기 때문에 삶에 지대한 영향을 끼친다. 언어예술은 아름다움의 표현이나 그를 통하여 재현되는 의미의 문제를 다루는 또 다른 특성이 있는데 이것은 언어예술의 원초적 창작 행위이기 때문이다. 지순 시인은 삶의 후반부에서 얻은 모든 것을 심화시키는 특성이 있다. 자연을 변형하여 만들어 내는 기술 행위가 아닌 진실한 심성으로 삶을 체험한 아름다움을 표현한다.

> 짙은 황혼의 겨울은
> 더욱 모질고 쓸쓸하다
>
> 지팡이 의지해 걷는 뒷모습
> 가다 쉬고 가다 쉰다
> 지난 세월이 참 무정하다
>
> 청춘은 폭포 같은 것
> 짧다 못해 이미 석양이다
>
> 세상 자랑 부귀영화
> 모두 부질없는 것
> 다 사라지는 것들이다
>
> 그래도 마지막 영원을 향한
> 소망이 있기에
> 감사의 삶을 살아간다
> - 「황혼의 겨울」 전문 -

황혼은 아름다움의 극치다. 그 광경 앞에 서서 감탄

하지 않는 사람은 없다. 그러나 마지막의 절경이다. 마지막의 아름다움을 말한다면 많다. 황혼이 대표적이지만 단풍과 꽃 진 자리에 맺힌 열매, 폭포의 물줄기 등 자연에서 보는 것과 심적으로 느끼는 노후의 황혼기는 최고의 아름다움이다. 이런 것 중에 가장 높이 꼽으라면 황혼이다. 삶의 마지막으로 향해 가는 시기에 온갖 시련을 겪은 삶을 되돌아보는 것은 보이지 않을 뿐이지 아름답다. 그것은 어떤 삶으로 살아왔어도 마찬가지로 오직 개인만이 느끼는 것이지만, 누구나 겪는 일이기에 말하지 않아도 알 수가 있다. 지순 시인은 황혼기에 든 삶의 마지막을 어떻게 가꿔야 할지를 고민한다. 남들과 같을 수는 없다. 너무 특출하면 안 된다. 그냥 보통의 황혼을 느끼며 남들과 같은 길을 걸어가려고 한다. 비록 지팡이에 의지하며 가다가 쉬어 가는 모습일지라도 무정한 세월을 원망하지 않고 짧게 남은 시간을 가장 아름답게 살고 싶다. 세상 부귀영화가 무슨 소용인가. 아무리 많아도 죽으면 끝나는 삶에 무슨 욕심이 있겠는가. 다만 생명을 주고 삶을 주신 그분의 뜻에 따랐으니 그 어떤 아름다움이 이만하겠는가. 그것을 감사하는 자세가 가장 슬기롭고 이름다운 삶이다.

    제멋에 산다지만
    그럴수록 혼미해지는 세상
    사람들은 저마다의 눈으로
    세상을 읽어 독선의 길을 걷는다

조금만 눈 크게 뜨고
잠시라도 방향을 바꿔 보면
새로움이 보이는데
돌아볼 줄 모른다

귀를 크게 세우자
어디선가 들리는 울부짖음
애타게 부르는 구원의 소리 따라
걸음을 옮겨 보자

사랑받을 가족
먹을 음식과 물 한 그릇 없이
빗방울 떨어지는 움막에서
지구를 잃고 땅을 찾는 사람들

가난은 나라도 어쩌지 못한다지만
같은 운명으로 함께 숨 쉬며
한 울타리에 사는 공동체
외면한다고 보이지 않을까

손을 내밀자
숨결의 박자를 맞추자
함께하는 방법이 영원히 사는 법
사람의 운명은 오직 하나

믿음으로 살며

구원의 손길을 모른다면
그것이 가난
부자로 사는 길은
서로 돕는 손에서 보인다
　　－「공동 운명체」 전문 －

　가장 가치가 큰 삶은 공동으로 만들어진다. 혼자 만든 것은 아무리 커도 아무런 가치가 없으며, 생성되고 소멸한다고 해도 알 수가 없다. 인간이 이만큼 살아온 것은 공동 운명체를 지녔기 때문이고 모든 가치는 그 운명체에서 나온다. 지구에 혼자 살고 있다면 그 가치를 모르듯 많은 사람 중에 혼자 있다고 생각하면 삶의 보람은 없다. 그것으로 끝나는 것이다. 지순 시인은 그 공동체의 운명을 누구나 알기 쉬운 문장으로 표현하여 가치를 측정한다. 제멋에 산다지만 혼미한 세상, 독선의 길을 걸으면서도 그것을 모르고 방종한 인간에게 무엇이 가치인가를 깨닫게 한다. 귀를 세워 무엇인가를 듣고 어디가 비어 있으며, 무엇이 부족한 것인지를 파악하는 사람은 많지 않다. 오직 성인만이 그것을 이뤘지만, 지금은 성인이 존재하지 않는다. 나를 사랑하고 이웃을 사랑하고 가족을 사랑하며 세상을 사랑하는 자세가 공동의 운명인데 그것을 잊은 현대인은 구원의 손길, 신을 잊고 살아간다. 믿음으로 살며 구원의 손길을 모른다면 살아 있어도 살아 있는 게 아니다. 그런 불신이 사회를 혼란하게 만들고 욕망의 불길로 뛰어들게 한다. 사람의 운명은 오직 하나, 구원의 손길을 가진 그분을 믿음으로 해서 행복하고 진정한 인간애를 발휘할 수 있다는 시인의 믿음이 큰 작품이다.

  모래알 몸살 앓던
  뜨거웠던 해변

  늦여름 더위 꺾인
  아침저녁
  선선한 기운이 감돈다

  피서객들 모두 떠난
  한산한 바닷가

  썰물이 휩쓸고 간
  텅 빈 해변은 쓸쓸하다

  해거름 녘 모래에 부딪치는
  파도 소리 스산하기 그지없다
    - 「저무는 해변」 전문 -

 살 만큼 살았다고 큰소리치며 가는 사람은 없다. 아무리 오래 살아 있어도 더 살고 싶고 아쉬움을 남기며 떠난다. 누구나 공통의 생각이지만 언젠가는 가야 하는 인생길, 살면서 후회는 없는지 조금만 더 잘했다면 좋았을 것을, 왜 그랬을까 등등 많은 미련을 남기며 떠난 인생, 그런 삶의 길에서 저무는 해변을 만난다면 더욱 큰 허무에 빠진다. 시인은 모래알이 몸살 앓던 해변을 삶의 마당으로 정하고, 그 장면을 상상하며 삶의 허무를 느끼고 감상에 젖는다. 그 자리는 많은 사람들이 흔적을 남기지만 바닷물이 지나가면 원래의 장면으로 돌아간다. 우리의 삶도 그렇다. 아등바등 살아가며 스스로 만족을 느끼든가 좌절을 맛봐도 다 지나가면 빈자리가 된다. 자연의 경관에서 삶의 진리를 깨우친 시인의 삶은 자연 그대로의 삶이다.

3. 아름다움을 그려 삶의 길을 연다

아름다움을 느끼고 표현하는 것은 시인만의 특성은 아니다. 사람이면 모두가 자연의 아름다움과 심적인 아름다움 또한 사람의 사는 모습에서 무수히 많은 것을 느끼고 표현한다. 하지만 시인의 표현은 그대로를 넘어 다른 장면을 만들고 그것으로 인한 삶의 길을 연다. 인간의 탄생으로부터 아름다움의 표현은 다양하게 나타났고 그런 특성을 깊이 있게 살려 내는 게 시인이다. 예술의 미학은 인간의 진화 과정에서 발전하여 미적 본성에 대한 철학적인 관점을 펼쳐 간다. 사람은 개인마다 다르고 사유의 깊이가 틀리므로 거기에 맞춰 표현하는 방법과 크기가 다르지만, 언어예술을 펼치는 시인은 보통 사람이 펼치지 못하는 것을 표현하는 능력을 발휘한다.

저물어 가는 옛길
아픈 생채기를 품은

오랜 나이테가 엿보이는 나무

진부한 삶
상심의 물음표만 남긴
가닿을 수 없는
에둘러 선 순수는 세상의 바보

시대의 흐름을 역행하기엔
역부족이었지
순응하는 길만이 진리였음을

물풀 사이로 보이는
작은 생물들의 자맥질
숨 쉬는 모든 것들은 각자의 시간에서
자신의 방식대로 살아가는 것이다

거부할 수 없는 순환의 계절
힘겨운 이 가을
책 속에 갇혀 시간 여행 떠난다
- 「단상(斷想)」 전문 -

    삶은 진부하다. 언제나 새로워야 하는데 새로움이 없다면 무료할 수밖에 없다. 그게 보통의 삶이다. 그냥 따라 하면 편하고 가진 것을 그대로 쓰면 된다. 그렇지만 그런 삶이라면 가치가 있을까. 산다는 것은 진부한 삶을 새롭게 개척하는 일이다. 그것만이 인류를 번창시키고 편리한 생활을 할 수가 있다. 온고지신이라는 말은 옛것을 익혀 그것을 통하여 새것을 안다는 뜻이지만, 그것을 알면서도 따르는 사람은 별로 없다. 상심의 물음표만 남기며 닿을 수 없는 세상을 꿈꾸는 것도 바보지만, 그 바보가 시대의 흐름을 역행시키지는 않는다. 순수하기 때문이다. 그래서 순응이라는 말이 생겼다. 순응은 따른다는 것이지만, 그대로 따르는 게 아닌 새로움의 따름이다. 이것은 하늘과의 약속이며 옛것에 대한 예우다. 그것으로 인하여 새 삶을 얻는다는 시인의 생각은 진부한 생활에 활기를 주는 역할을 한다.

주어진 날들을 끝없이
채찍질한다
과거는 소멸한 부질없는 것일 뿐
현재는 미래를 결정하는 무거운 실상

언젠가 맞이할 영원을 준비하기 위해
순례자의 길 걷고 싶은 열망으로
온밤 지샌다

그분의 고난을 생각하면
눈물샘은 뜨거워지고
사랑과 경외심에 떨리기도 한다

희생으로 펼친 삶의 모습
온유한 그 마음 닮고 싶다

행함이 있는 믿음으로
기도하며 살아가야지

청명한 가을날
오늘은 더 맑게 보이는 푸른 하늘
빛으로 오신
그분의 형상이 찬란하게 다가온다
- 「맑은 소망」 전문 -

앞서가며 인류를 구원한 인물은 많지 않다. 육체적인 구원이 아닌 정신적인 구원으로 인간이 추구하는 가장 강력한 힘이다. 예수, 석가모니, 마호메트, 공자 등 사대 성인은 빼놓고도 많은 선지자가 구원의 뜻을 품고 인간을 인간답게 만들려고 노력했지만, 성인의 대열에는 모자란다. 그것은 희생이 없었기 때문이다. 구원은 희생으로부터 시작하여 헌신의 삶을 살다가 희생으로 끝낸다. 그러나 그 끝냄은 끝이 아니다. 인간이 추구하는 영원한 삶의 정신세계다. 육체를 가진 인간이 정신의 지배를 받는 것은 영혼의 종말이 없기 때문이다. 정신이 살면 육체가 영원히 산다는 믿음이 구원의 정점이고, 인간의 구원은 오직 성인의 가르침에서 나온다. 그중에서 가장 강력한 힘을 가진 예수 그리스도는 인간을 한 단계 높여 놓은 진정한 스승이며 구원의 손길이다. 시인은 삶을 다하는 지점이 훤히 보이는 곳에 도달하여 돌아보니 보이는 것과 남기는 것이 하나도 없다. 남은 생을 끝없이 채찍질하여도 나오는 것이 없는 허무의 삶, 무엇으로 보이게 할까. 오직 하나 고난을 겪으며 인류를 구원의 길로 인도한 그분의 희생이 헛되지 않기 위한 믿음의 길을 펼치는 것뿐이다. 온유한 그 마음을 닮고 싶고 그 행함을 따르고 싶다. 오직 그것만이 남은 생을 살아갈 힘이고 구원이다. 빛으로 오셨다가 빛으로 가시면서 빛을 남기신 그 길을 따라가야겠다는 신념의 삶이 시인의 뜻이다.

남쪽 하늘 푸른 바다
훨훨 날아가고 싶은 갈매기

사방을 훑어보아도
꽉 막힌 날 수 없는 장벽 너머
자유를 향한 꿈
그 누가 꺾을 수 있을까

어둠의 철조망 뚫고
무섭고 끔찍한 온갖 고난 겪으며
사선을 넘어 찾아온 자유의 땅

얼마나 꿈꾸며 그렸던 곳인가
사랑과 온정이 넘치는 사람들과
자기 생각을 말할 수 있고
무슨 일이든 도전할 수 있는 나라

백합 같은 청순한 여인을 만나

웃음꽃 만발한 가정 이루고
올망졸망 예쁜 아이들과
푸른 파도를 넘어
푸른 들과 하늘 맘껏 날아다니리
- 「푸른 갈매기」 전문 -

 자유는 최고의 권리다. 자연은 자유로우며 자유가 없다면 자유가 아닌 멸망이다. 그런 자유에서 태어난 인간이 속박을 받고 구속당한다면 생명 유지가 힘들다. 우리는 자유대한민국의 자유로운 국민으로 아름다움을 가꾸며 산다. 그런데 같은 민족인 북쪽의 삶은 공산 치하에 구속당하여 온갖 멸시를 받으며 삶의 의미를 잊어버렸다. 동족의 삶이 우리와 같아야 하는데 전혀 다른 방향으로 흘러 사람답게 살지 못하는 것이다. 자유를 잃으면 하늘을 원망하고 지도자를 원망하여 나라가 지탱하지 못하는데 어찌 된 일인지 나라라고 운영되는 것을 보면 안타깝기 그지없다. 그런 동포들이 생명의 위험을 무릅쓰고 철조망을 넘는다. 온갖 시련을 넘어 자유를 찾아온다. 그러나 반겨 줄 곳은 이미 많은 사람들의 터전이다. 비켜 줄 양보의 자세가 없다. 멸시하고 천하게 여겨 만나면 외면하고 비켜 앉는다. 시인은 이것을 지적한다. 동포의 삶을 외면하고 무관심하다면, 그들의 생명은 어디에서 찾아야 하는가. 바다를 마음껏 날아다니는 갈매기가 되어 언제든 자유를 만끽하는 우리라면 그들의 자유도 보장하고 함께 보듬어야 한다. 사람의 자유는 아무도 구속할 권한이 없다. 자유를 찾아

철조망을 넘어온 그들의 삶을 보살피는 것도 우리의 의미라는 것을 잊지 말아야 한다는 시인은 민족을 대표하는 것은 아니지만 작은 울림으로 반도의 종을 친다.

4. 신비한 의식의 흐름을 아름답게 이끌어 낸 힘의 결과

지순 시인은 대학에서 후진 양성에 평생을 바친 원로다. 생의 절반을 그렇게 보내고도 삶의 방향을 한 번도 바꾸지 않은 교육자로서 이번에 두 번째 시집을 상재하는 것은 경이로운 일이다. 삶의 모든 것에 관심을 두고 무엇을 어떻게 표현해야 아름답고 의미 있는 삶인가를 밝히는 과정을 차분하게 시집으로 엮어 낸다. 이것은 천성적으로 타고난 정서적인 기반으로 이뤄 낸 것이지만, 내면의 신비한 의식의 흐름을 제대로 끌어낸 힘의 결과다. 생생한 의식의 흐름, 끊임없이 바뀌는 생각과 충동, 기분의 억제와 행복 희망 절망 같은 것들을 감당할 만큼 피워 낸 것이다. 특히 삶의 모든 부분을 아름답게 풀어내는 천성이 강하여 무엇이든 절망에서 희망으로 바꿔 가는 아름다움이 특출하다. 시집 상재를 축하하며 앞으로 더 많은 작품이 나올 수 있도록 전력한다면 좋은 결과가 있을 것이라 기대한다.

지 순 제2시집
살며 생각하며

제1판 1쇄 발행 · 2024년 12월 05일

지은이 · 지 순
발행인 · 이석우
펴낸 곳 · 세종문화사
편집 주간 김영희

주소 · (03740)
　　　서울 서대문구 통일로 107-39, 223호
　　　E-mail: eds@kbnewsnet
전화 · (02)363-3345
팩스 · (02)363-9990

등록번호 · 제25100-1974-000001호
등록일 · 1974년 2월 1일

ISBN 978-89-7424-207-7　03810

값 12,000원